Ruth Heil · Geschenke zum Glücklichsein

Ruth Heil

Geschenke zum Glücklichsein

Die Deutsche Bibliothek – CIP-Einheitsaufnahme

Geschenke zum Glücklichsein / Ruth Heil. – 2. Aufl. – Lahr : Johannis, 2002
(Johannis-Bild-Text-Band ; 05 645)
ISBN 3-501-00645-4

Johannis-Bild-Text-Band 05 645
2. Auflage 2002

www.johannis-verlag.de
Gesamtherstellung: St.-Johannis-Druckerei, 77922 Lahr
Printed in Germany 15060/2002

Geschenke zum Glücklichsein

Weil Du mir wertvoll bist, wünsche ich Dir alles, was Dich glücklich machen könnte.
Dabei bin ich auf die Suche gegangen nach glücklichen Menschen. Ich versuchte herauszufinden, was sie glücklich stimmt – und habe dabei erstaunliche Entdeckungen gemacht.

Glückliche Menschen sind nicht unbedingt reich. Sie können äußerlich in sehr bescheidenen Umständen leben.
Glückliche Menschen sind nicht einmal alle gesund, wo doch Gesundheit anscheinend das höchste Gut ist.
Glückliche Menschen brauchen weder verheiratet zu sein, noch müssen sie als Ledige ihre Tage verbringen.
Sie arbeiten am Fließband und in Chefpositionen, als Putzhilfe und Ärztin.
Sie sind männlich und weiblich, jung und sehr alt.
Bei ihnen allen fand ich Gemeinsamkeiten, die mich zum Nachdenken brachten.

Geh mit mir auf Entdeckungsreise!
Vielleicht ist ein Wunsch dabei, der Dich anspricht.
Den wünsche ich Dir dann ganz besonders.

Es kommt aus meinem Herzen zu dem Deinen:

Sei glücklich!

Ruth Heil

Glückliche Menschen sind solche, die vergeben können

In der Vergebung sind wir eingebunden
in ein göttliches Geschehen.
Denn Gott ist ein Gott der Wiederherstellung und des Lebens.
Überall, wo Vergebung geschieht,
leuchtet ein Strahl der Ewigkeit auf diese Erde.

Ich habe nie einen glücklichen Menschen getroffen,
der nicht ein Mensch der Vergebung gewesen wäre.
Ja ich behaupte geradezu,
daß ein Mensch nur wirklich glücklich sein kann,
wenn er die Vergebung Gottes angenommen hat
und denen vergibt,
die ihm Verletzungen zugefügt haben.

Glückliche Menschen spüren, wenn sie jemanden verletzten

Sie steigen auf die Stufe des Betroffenen.
Sie sehen mit seinen Augen das Weh,
das sie ihm zugefügt haben.
Auch wenn sie dies nicht vorsätzlich planten,
begreifen sie, was der andere fühlt.
Wenn sie die Wunde sehen,
bitten sie so um Vergebung,
daß es nicht schwerfällt, sie zu gewähren.

Leider sind wir oft zu sehr
mit unserer eigenen Verletzung beschäftigt.
Der Schmerz, den unser Nächster uns zugefügt hat,
steht so sehr im Vordergrund,
daß wir kaum wahrnehmen,
wenn wir ebenso verletzen.

Glückliche Menschen messen nicht ab, wer die größere Schuld hat

Sie können vergeben, weil sie den Weg Jesu wählen.
Für sie muß nicht der den ersten Schritt
zur Versöhnung finden,
der am meisten Schuld hat,
sondern der, dem es leichter fällt.

Wer immer abwägen muß,
wer den größeren Anlaß für die Auseinandersetzung gab, braucht mit dem Vergeben gar nicht erst anzufangen.

Wer den anderen entläßt in die Hand Gottes,
ist frei, die Gedanken Gottes zu denken –
und sich nicht immer den zerstörerischen zu öffnen.

Glückliche Menschen tragen nichts nach

Nachgetragene Lasten
sind die schwersten Bürden unseres Lebens.
Sie sitzen auf unserem Rücken und bedrücken uns.

Wer nachträgt, ist ständig damit beschäftigt,
seinen Vorrat zu sortieren,
um rechtzeitig etwas vorwerfen zu können.

»Vergib uns unsere Schuld,
wie auch wir vergeben unseren Schuldigern!«
Dieses Gebet ist ein riesiges Angebot:
denn wer vergibt, überläßt Gott seine Rache.

Der Vergebende setzt seine inneren Gefangenen frei,
die er sonst ständig mit Gedanken »versorgen« muß,
weil sie hungrige Insassen sind,
die täglich nach mehr schreien.

Glückliche Menschen können Buße tun

Wer Schuld erkennt und darüber Buße tut,
mit dem feiern die Engel im Himmel.

Wer Buße tut,
dem ist der Weg bereitet zum Vater
durch das Blut des Sohnes.
Und wenn die Schuld noch so laut schreien will,
das Blut Jesu bringt sie zum Schweigen.

Immer wenn bei meinem Umgang mit Gott
keine Freude aufkommt, frage ich ihn:
Herr, ist da etwas zwischen dir und mir, was dich betrübt? Und wenn er es mir dann aufdeckt,
bringe ich es zu Jesus – und er deckt es zu
– und ich darf wieder froh werden.

Glückliche Menschen können sich selbst vergeben

Auch wenn unser Herz uns verdammt,
ist Gott größer als unser Herz (1. Joh. 3, 20).

Gottes Wort steht über meinem Wort.
Auch wenn ich mir selbst nicht verzeihen kann,
hat Jesus doch meine Sünde mit ans Kreuz genommen.
Der Schuldschein ist zerrissen.
Ob ich es fassen kann oder nicht:
Satan hat kein Anrecht mehr darauf, mich zu beschuldigen.
Jesus ist an meine Stelle getreten.
Ich bin frei!

Es ist eine Vermessenheit, mir selbst nicht zu vergeben.
Wenn ich meine Schuld als gewaltiger ansehe
als seine Barmherzigkeit, mache ich mich größer als er.
Deshalb bezwinge ich meinen Stolz
und glaube IHM mehr als mir selbst!

Glückliche Menschen geben ihre Schuldner in Gottes Hand

Wenn du darauf wartest,
daß einer dich um Vergebung bittet,
der dir böse mitgespielt hat,
kannst du vielleicht ein Leben umsonst darauf hoffen.

Mach dir klar, wer dich verletzt hat.
Gib zu, wie weh es getan hat.
Und dann gib es weg in die Hand Gottes,
und laß dir von Jesus die Wunden verbinden.

Übergib deine Sache dem besten Richter.
Dein Schuldner wird einmal vor Seinem Thron stehen,
und es wird abgerechnet werden.
Sieh zu, daß du bei Gott Gnade für dich selbst findest.

Glückliche Menschen geben ihre Sorgen in Gottes Hand

Sorgen sind herrschsüchtig.
Mit was du dich beschäftigst,
das wird dein Denken bestimmen.
Unser Glücklich- oder Unglücklichsein
ist eine Auswirkung dessen, was wir denken.

Mit welchen Gedanken schläfst du ein,
mit welchen wachst du auf?
Das sind die Mächte, die dein Leben bestimmen wollen.
Mach jede einzelne zu einem Gebet!
Laß nicht länger zu,
daß diese Plagegeister dein Leben prägen!
Wirf sie hinaus, sobald du sie erkennst!

Sie fliehen vor dem Namen Jesu, und sie hassen Gebet.

Glückliche Menschen sind Menschen, die segnen

Beim Segnen bitte ich Gott dabeizusein,
in unsere Mitte zu kommen.
Gottes Gegenwart wirkt wie ein Schutzfilter.
Er bewahrt mich,
daß mich die Pfeile des anderen nicht treffen,
und er schützt mich davor, aus der Liebe zu fallen.

Gottes Segen besteht darin,
daß ich mich unter den anderen stellen kann,
mit seiner Ungeduld leide,
seine eigentliche Not heraushöre
und nicht nur einfach seinem Verhalten entsprechend reagiere.

Glückliche Menschen können ausdrücken, wenn sie verletzt werden

Sie leiden nicht nur vor sich hin.
Wer nie seinem Schmerz Ausdruck verleiht,
enthält seinem Gegenüber vor,
daß dieser ihm wehgetan hat.
Da der andere es nicht einmal wahrnimmt,
wird er immer neue Wunden zufügen,
ohne auch nur darüber nachzudenken.

Glückliche Menschen haben die Fähigkeit,
ihre Empfindungen mitzuteilen,
ohne neu zu verletzen.
Sie reagieren nicht empfindlich, aber deutlich.

Damit geben sie dem anderen die Möglichkeit,
ihn um Vergebung zu bitten.

Glückliche Menschen kennen Leid und können sich in andere einfühlen

Selig sind, die Leid tragen!
Sie leiden zwar unter dieser Last.
Aber sie finden darin auch das, was allein zählt:
den Trost und die Nähe Gottes.
Diese Menschen können trösten, weil sie getröstet sind.
Sie können mitweinen, weil sie mitfühlen.
Sie leiden mit, weil sie mittragen wollen.

Selig sind, die Leid tragen?
Wir würden solche Menschen
eher als bedauernswert einstufen.
Und doch: Wer Leid kennt, weiß, was der andere fühlt.
Wer Schmerz am eigenen Leib erfahren hat,
ist sensibel für die Verzweiflung des Leidenden.

Glückliche Menschen finden ihr Glück, indem sie glücklich machen

Das Geheimnis des Glücklichseins
liegt im Glücklichmachen.
Wer einen anderen beschenkt,
wird mit Staunen feststellen,
daß er selbst der Beschenkte ist,
wenn die Augen
beim Öffnen des Geschenkes zum Leuchten kommen.

Wer anfängt zu geben, entdeckt,
daß er selbst reich wird.
Das ist ein göttliches Prinzip
und darf ruhig ausprobiert werden:
»Gebt, so wird euch gegeben,
ein volles und überfließendes Maß«, sagt Jesus (Luk. 6, 38).

Jemand drückte es einmal so aus:
»Wir geben nicht, weil wir haben,
sondern wir haben, weil wir geben.«

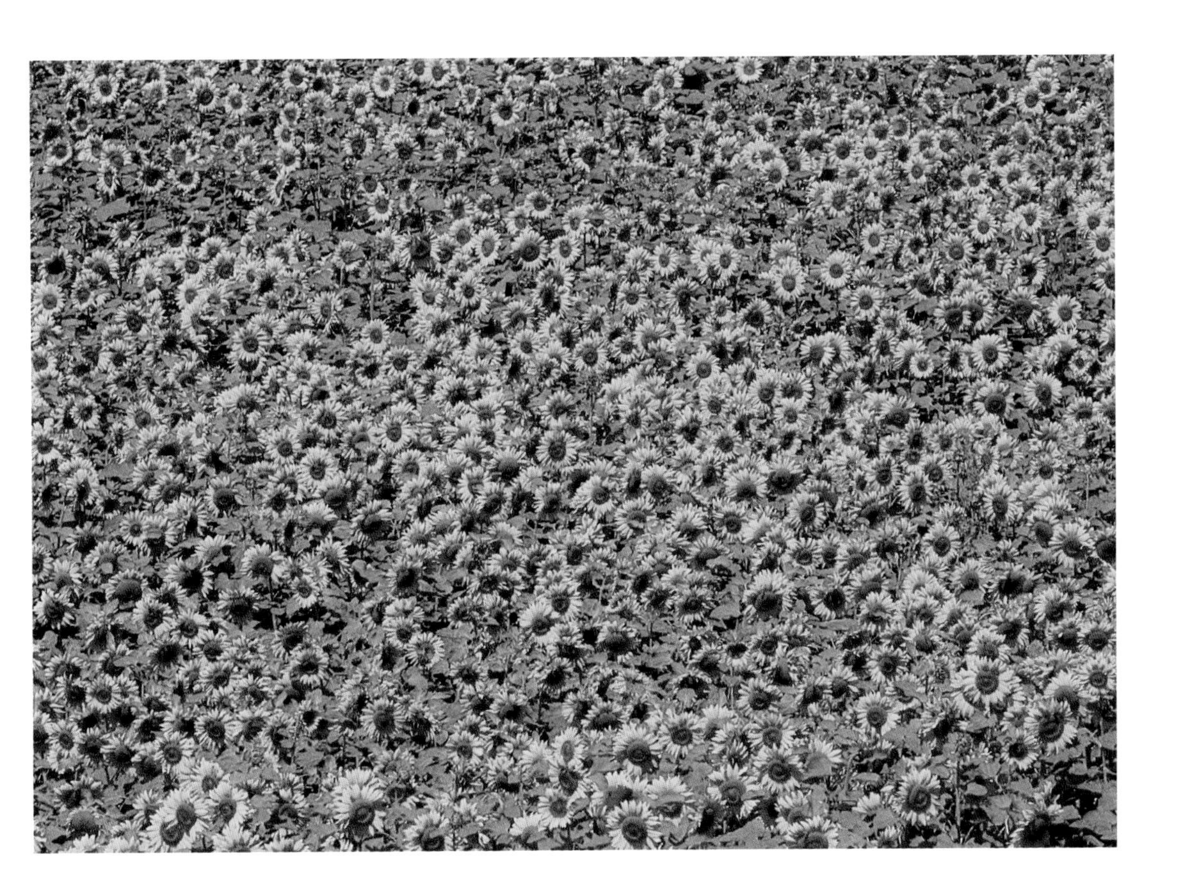

Glückliche Menschen sind dankbare Menschen

Ein dankbarer Mensch schaut auf das, was er hat –
und freut sich darüber.
Ein undankbarer Mensch
blickt in die Richtung seiner unerfüllten Wünsche
und wird unzufrieden.

Wer sein Glück nur daran festmacht,
daß Wünsche in Erfüllung gehen,
wird immer genug Grund dafür finden,
weiter unglücklich zu sein.

Glück ist die Fähigkeit, sich am Vorhandenen zu freuen.
Leider entdecken wir oft erst dann,
was wir an Gutem haben, wenn es uns genommen wird.

Tägliche Dankbarkeit ist die beste Medizin
gegen Mißmut, Unzufriedenheit und Frustration.

Glückliche Menschen wissen, daß sie geplant sind

Wer weiß, daß er geplant war,
plagt sich nicht mehr mit dem Gedanken herum,
warum er eigentlich da ist.
Er weiß, daß es wichtig ist, daß es ihn gibt.

Es spielt keine Rolle,
ob er einen großen oder kleinen Platz
auf dieser Erde ausfüllt.
Er hat begriffen, daß diesen Platz
niemand so einnehmen kann wie er.

Das ist keine Überheblichkeit, sondern frohe Gewißheit:
Gott wollte, daß ich da bin, und deshalb bin ich.
Meine Eltern waren nur Werkzeug
in diesem großen Plan Gottes.

Es ist nicht so wichtig, daß ich Großes leiste,
sondern daß ich treu bin in dem,
was Gott mir anvertraut hat.

Glückliche Menschen können weinen – und wissen, wo ihre Tränen aufgehoben sind

Weinen ist eine Entlastung für die vielen Emotionen,
die uns von Gott geschenkt wurde.
Wer weint, gibt seine Not zu.
Er versteckt sie nicht.
Er läßt sie heraus.

Wer sich bei Gott ausweint,
darf sicher sein,
daß dieser Gott, der das Weltall schuf,
ihn in seine Arme nimmt,
um seine Tränen zu sammeln
und zu bewegen in seinem Herzen, das voll Liebe für uns ist.

Er versteht, was uns Kummer macht.
Und es wird der Tag kommen,
an dem er alle unsere Tränen abwischen wird.

Glückliche Menschen wissen, wo sie sich aussprechen können

Wer sich auf der Erde Menschen anvertraut,
wird oft enttäuscht werden.
Er wird erleben, daß Vertrauen mißbraucht
und Anvertrautes weitergetragen wird.
Manchmal wird er sich auch zurückziehen,
weil er spürt, daß Menschen einfach nicht zuhören,
wenn er ein hörendes Ohr bräuchte.

Aber da ist einer, der zuhört,
der nie zu müde ist, uns anzuhören,
der nicht aufgibt, wenn wir am Ende sind,
der Geduld hat, wenn wir keine Worte mehr finden,
der versteht, wo wir uns selbst nicht mehr verstehen.

Glückliche Menschen suchen dort ihre Zuflucht,
schütten ihr Herz bei ihm aus
und lassen sich von ihm tief trösten.

Glückliche Menschen vertrauen darauf, daß Gott es gut meint

Sie schauen nicht auf erdrückende Umstände.
Sie schauen auf zu Jesus.

Voller Vertrauen können sie sagen:
All dies kann ich nicht verstehen,
aber ich glaube meinem Vater im Himmel,
daß er es gut mit mir meint.
Noch sehe ich kein Licht,
aber ich werde es eines Tages verstehen:
Seine Wege sind vollkommen.

Sie vertrauen auf Gott, daß er da ist.
Gerade auch im finstern Tal sprechen sie mit David:
»Du bist bei mir« (Ps. 23, 4b).

Glückliche Menschen plagen sich nicht mit Schuldgefühlen herum

Solche Menschen können ihre Fehler zugeben.
Sie stehen dazu, falsch gehandelt zu haben.
Schmerzlich ist ihnen bewußt,
daß sie dabei jemanden verletzt haben.

Sie bitten um Vergebung,
aber nicht mit dem Versprechen,
nie wieder etwas falsch zu machen,
denn sie kennen sich selbst zu gut.
Trotzdem haben sie den festen Willen zur Veränderung.

Sie haben den Mut weiterzugehen,
weil sie darauf vertrauen,
daß Gottes Barmherzigkeit
an jedem Morgen wieder neu dasein wird.

Glückliche Menschen können auf Gottes Zeit warten

Sie geraten nicht in Panik,
wenn Dinge sich nicht so entwickeln,
wie sie es sich vorgestellt haben.

Sie vertrauen darauf,
daß Gott nicht zu spät kommt.
Es ist ihnen einfach klar,
daß Gott weiter blickt,
als sie es können.

Wer weiß, daß seine Zeit in Gottes Händen steht,
starrt nicht voller Angst auf das Morgen.
Wenn Gottes Zeit erfüllt ist,
wird Er handeln, und niemand wird Ihn aufhalten.

Glückliche Menschen trinken sich an der Quelle satt

Es werden viele Durstlöscher
auf dieser Erde angeboten.
Aber keiner von ihnen wird ausreichen,
um unseren inneren Durst nach Glück zu stillen.

Glück ist nichts, was sich ereignet,
um danach ein Leben zu erfüllen.
Glück ist vielmehr ein Zustand:
in den Armen Gottes geborgen zu sein.

Wer an Seiner Quelle trinkt,
wird seinen Durst gelöscht bekommen.
Wer bei Ihm zum Frieden gefunden hat,
weiß, was Glücklichsein bedeutet.

Glückliche Menschen schauen aufs Ziel

Sie stehen mitten im Leben.
Sie verdrängen nichts.
Was vor ihre Hände kommt, packen sie an.

Aber nicht der Erfolg ist für sie entscheidend,
wie auch der Mißerfolg sie nicht umwirft.
Nicht die Gesundheit ist das höchste Gut für sie
und die Krankheit nicht das Ende.

Sie schauen aufs Ziel.
»Das Schönste kommt noch«, sagte ein alter Bauer,
gefragt nach seiner Lebensperspektive.

Glückliche Menschen wissen,
daß das, was sie auf dieser Erde erleben,
nur eine Bewährungsprobe ist für eine kostbare Zukunft:

die Herrlichkeit bei Jesus Christus.

Bildnachweis:
Umschlag: Matthews/A. L. Hoenderkamp
Innenteil: S. 7: T. Krüger; S. 9, 29: Ch. Palma; S. 11: S. Thamm; S. 13: B. Schellhammer;
S. 15: L. Bertrand; S. 17: L. Gassmann; S. 19: G. Burbeck; S. 21: M. Zimmermann;
S. 23: Katja Lehmann; S. 25: W. Okon; S. 27: R. Haak; S. 31: Walter + Waclawik; S. 33: G Burbeck;
S. 35: K. Radtke; S. 37: K.-H. Schlierbach; S. 39: R. Kirsch; S. 41: G. Weissing;
S. 43: W. Rauch; S. 45: U.-J. Schönlein; S. 47: D. Epple